DE

NAPOLÉON BONAPARTE,

OU

EXAMEN ET RÉFUTATION

DES OUVRAGES

DE

CHATEAUBRIAND ET AUTRES LIBELLISTES,

Par M.ᴿ H.-L. R.,

EX-CHASSEUR DE LA VIEILLE GARDE IMPÉRIALE
A CHEVAL.

La natura lo fece   poi ne rupe la stampa.

A PARIS,

CHEZ LES MARCHANDS DE NOUVEAUTÉS.

M. DCCC. XIV.

PRÉFACE.

*C*E n'est pas l'éloge de Bonaparte que j'ai eu la prétention d'écrire ; ce n'est pas non plus son histoire, mais un tableau général de sa vie, et de ce qu'il a fait de grand. Privé par la révolution des bienfaits d'une éducation libérale, appelé à défendre mon pays, à cet âge que le jeune homme donne ordinairement à l'étude, livré par goût à la carrière militaire, j'ai suivi Napoléon dans la plupart de ses campagnes ; j'ai été le témoin oculaire de presque tout ce que je rapporte, et j'écrirai

. . . . Avec la liberté
D'un soldat qui sait mal farder la vérité.

RAC...

Je connais toute la hardiesse de l'entre-prise que me suis proposée ; je connais aussi l'homme que j'ai à combattre ; sa réputation

littéraire aurait dû n'effrayer, si la beauté de mon sujet, si l'hommage que je dois à celui qui fut mon Empereur, ne m'avait fait entrer dans la lice. Je n'invoquerai pas, comme lui, le mensonge, pour rendre à mon héros ce qu'il veut lui enlever; la franchise d'un soldat, c'est tout ce que je dois employer. Si quelquefois mon style manque d'élégance, le lecteur me pardonnera : il sait que le métier des armes et le tumulte de la guerre sont peu faits pour former de grands écrivains.

J'aurai rempli mon attente, si j'obtiens l'assentiment des gens de bien, et sur-tout les suffrages de l'homme impartial qui sait apprécier le mérite, quelle que soit d'ailleurs son opinion en matière politique.

NAPOLÉON BONAPARTE.

Le lion est terrassé, l'aigle altier de son vol rapide n'embrasse plus l'univers. Cet empire si vaste, si puissant s'est écroulé! Un petit nombre de jours a détruit l'ouvrage de plusieurs années; et vous, Français, vous êtes assez injustes pour accabler d'outrages, calomnier celui qui vous éleva au faîte de la grandeur. Quelques instans de revers ont suffi pour rompre le charme de l'admiration que vous aviez pour lui. Vous l'avez abandonné! Laissez-lui du moins ce qu'il ne dépend pas de vous de lui enlever, ce que la postérité lui restituera toujours, sa gloire et son nom.

Une foule de libellistes, dont la réputation éphémère naquit et mourut avec leurs écrits, ont cherché à l'avilir. Quelques littérateurs, auxquels on ne peut refuser du mérite, n'ont pas craint d'invoquer le mensonge pour le rendre odieux et méprisable. Ils ont porté la folie jusqu'à lui refuser des connaissances dans l'art de la guerre qu'il poussa si loin, une réputation militaire dont on ne trouve nul exemple dans l'histoire. Parmi les ouvrages de ces derniers, je distingue celui d'un homme de lettres que quelques talens, une plume brûlante, et sur-tout une manière d'écrire originale ont placé au premier rang des écrivains illustres du dix-neuvième siècle, mais que la postérité rétablira dans le rang d'où quelques enthousiastes l'ont tiré. La brochure de Chateaubriand est dans toutes les mains: ce tissu de faussetés et d'erreurs m'a seul donné l'idée d'écrire, pour rendre à Napoléon ce qu'on voudrait vainement lui ravir.

Non: ce n'est pas sur le tombeau de la France qu'il a écrit, ce libelliste stipendié. Elle ne peut cesser d'exister. La pensée d'une domination étrangère ne peut entrer dans l'âme du Français courageux; mais c'est sur le tombeau de l'Empire français, de cet état qui comptait ses habitans des rives de l'Adriatique aux bouches de l'Elbe; des bords de l'Océan au sommet des Alpes; du pied des Pyrénées, des sables de la Méditerranée aux rivages de la mer du Nord; de cet empire enfin qu'un nouveau Charlemagne avait, après dix siècles, fait renaître de sa cendre.

Mais avant de retracer à vos yeux une partie des actions mémorables du génie étonnant qui gouverna la France avec tant de gloire pendant le court espace de dix années, portons un moment notre attention sur les grands évènemens qui ont renversé ce trône, qui paraissait menacer l'univers, et qui ont ramené parmi nous cette race antique de nos rois, que l'habitude du bonheur avait rendue chère à la France ; mais aussi que la gloire et la majesté qui environnèrent les premières années du règne de Bonaparte avaient fait oublier.

Le mécontentement général, fruit ordinaire des impôts nécessairement établis pour la suite d'une guerre, dont toutes les campagnes furent marquées par des revers, la trahison, et sur-tout la jalousie de nos voisins, avaient amené parmi nous les armées nombreuses de la coalition. La France envahie de toute part par des hordes innombrables que la faiblesse de nos moyens avait rendues victorieuses, privée sur-tout de ces vieilles phalanges qui avaient fait sa gloire pendant vingt ans, dont partie avait été moissonnée aux champs de Moscow et dans les plaines

de Leipsick, partie était restée dans les places fortes de la Pologne, de la Prusse et de
l'Allemagne qu'il ne nous était plus permis
de conserver. Enivrée de vingt ans dé succès, manquant de cet enthousiasme, de cet
élan national qui créa spontanément notre
force militaire dans la guerre de 1793, la
France, dis-je, parut à cette époque devoir
finir son existence politique ; et si la jalousie
de ses ennemis n'eût veillé à sa conservation,
peut-être ses annales eussent-elles fini à l'an
1814. Mais ce n'était pas la France que
craignaient les Princes coalisés ; ils venaient
d'éprouver qu'elle n'était pas invincible ; c'é-
tait le génie actif, entreprenant de celui qui
la gouvernait. Enhardis par des succès qu'ils
n'auraient jamais osé espérer, fiers de leur
force, ils voulurent accabler celui qu'ils ju-
gèrent incapable de leur résister, et résolurent d'enlever le sceptre à ce héros, qui
tant de fois avait fait chanceler la couronne
sur leur tête. Napoléon commandant à la
France, privée des provinces que vingt ans
de victoires lui avaient acquises, à la France
même réduite d'un cinquième, inspirait plus
de crainte aux coalisés que Louis XVIII à la
tête de la France agrandie. Ils sentirent que
quelques années de paix mettraient cette puis-

,sance, gouvernée par celui qui l'avait élevée si haut, en état de reconquérir ce qu'on lui enlevait. Ils sentirent la nécessité de remettre à la tête des affaires de France un Prince éminemment pacifique, qui, en recouvrant au-delà de ce qu'il pouvait espérer, n'eût rien à regretter de son antique splendeur : ils rappellèrent alors ce Roi malheureux du fond de la retraite, où il vivait en paix, sans se mêler des grands évènemens qui agitaient l'Europe ; et c'est moins à l'amour qu'on lui portait qu'à la crainte qu'inspirait Bonaparte, qu'il a dû la couronne qu'ils ont placée sur sa tête.

Cette idée, vraiment grande et généreuse de la part des coalisés, si l'intérêt que l'on devait à la famille du malheureux Louis XVI l'avait fait naître, a cependant sauvé la France. Les armées ennemies avaient conquis la moitié de son territoire, sans avoir pu la soumettre à leur domination; et quoique les départemens réunis appelassent à grands cris la présence de l'ennemi, les anciennes provinces françaises, gémissant du joug que l'on paraissait vouloir leur imposer, épiaient le moment de conquérir leur liberté. Le premier acte de démembrement à cette époque ranimant l'esprit national en France, y eût allumé une guerre civile et étrangère, que nous eussions léguée à nos neveux, avec la haine que nous inspiraient les noms de Russes et d'Allemands, et l'idée d'une domination étrangère.

Cependant nos ennemis convaincus de l'impossibilité de démembrer la France, et ayant cessé de craindre Napoléon, déclarèrent ne plus vouloir traiter avec lui. Leur politique balança long-temps entre les deux personnes qui seules pouvaient être placées légitimement sur le trône de l'Empereur, ou son fils, le Roi de Rome, ou le successeur des Bourbons. Chacune de ces alternatives ne nous laissait envisager que la perspective de longs malheurs. D'un côté, le Roi de Rome se présentait avec une régence que commandait son enfance, et dont nous venions d'éprouver l'impéritie et son insuffisance pour sauver la France, dans le temps que l'Empereur, à la tête de ses armées, faisait tout pour ramener la victoire sous ses aigles. D'un autre côté, Louis XVIII qui avait à venger la mort de son frère, se présentant entouré de ceux qui naguère avaient juré de ne rentrer dans leur patrie que le poignard à la main, et foulant à leurs pieds les corps ensanglantés de leurs concitoyens, nous faisait craindre

les proscriptions, les échafauds que les roya-
listes et les prêtres lui demandaient à grands
cris. Cependant Louis XVIII formé par vingt
ans de malheurs, orné des vertus héréditaires
de sa famille, chéri de ceux qui lui avaient dû
leur bonheur, sut réunir tous les suffrages.
Ses premières déclarations parurent rassurer
tout le monde; les craintes de tous les partis
cessèrent, et le sceptre impérial qui, quelques mois auparavant, menaçait encore l'u-
nivers, qui paraissait défier les Dieux même
par sa force, fut brisé. Dès ce moment, la
France rentra dans le rang des puissances
secondaires de l'Europe. Un génie étonnant
avait fait sa gloire; il eût fallu pour la conserver un génie aussi vaste que celui qui
l'avait créé. Cette influence politique que
vingt ans de victoires nous avaient acquise,
fut détruite, et nous cessâmes pour ainsi dire
de compter dans la balance de l'Europe. Les
Français n'ont pas assez aimé la gloire pour
conserver le titre de Grande Nation, que
leurs succès leur avaient acquis; ils n'ont
pas eu assez d'attachement à la chose publique, pour soutenir de tous leurs efforts
leur Empereur dans la lutte où il était entré
pour eux. Qu'ils se rangent aujourd'hui sous
les drapeaux pacifiques de Louis, oubliant

comme un rêve le-court intervalle de quelques années, où leur gloire a éclipsé celle de
tous les peuples dont l'histoire nous ait conservé le souvenir.

Les rois comme les hommes arrivent au
temple de mémoire par des routes diverses;
l'un s'illustra par la gloire de ses armes;
l'autre, par la profondeur de ses institutions;
celui-ci, par la sagesse de son administration; et quoique l'Empereur ne laisse rien
à désirer dans ces diverses carrières qu'il a
parcourues avec de si brillans succès, son
successeur peut encore rendre son nom cher
à la France, tant il reste à faire pour son
bonheur. Avec les talens qu'on lui donne,
les vertus qu'il possède, formé comme lui
pendant vingt ans à l'école du malheur, il
peut un jour devenir un grand Roi, si, plus
imbu des principes de la vraie philosophie
et des idées libérales que notre révolution
a fait germer dans toutes les têtes, il secoue
le joug que les nobles et les prêtres paraiss-
sent vouloir lui imposer.

De tous les princes qui ont régné sur la
France, aucun n'a obtenu tant de louanges,
et ne les a, je crois, si bien méritées que
celui que l'on accable aujourd'hui; et que
l'on s'efforce de rendre odieux et méprisable

aux yeux de tout le monde : est-il étonnant que tous les écrivains aient prodigué les plus basses adulations à un homme qui nous avait élevés si haut ? La flatterie est l'esclave fidèle de la puissance. Mais l'empereur Napoléon élevé dans les camps, nourri des dangers de la guerre, quoiqu'il aimât passionnément l'encens qu'on versoit à l'envi sur ses pas, savait cependant l'apprécier à sa juste valeur.

C'est le propre des grands hommes de tout agrandir sous leur domination, jusque même à la sphère de nos pensées, et de rendre tous leurs sujets fiers de leur appartenir. Quel est le genre de gloire que notre héros ne se soit pas acquise ? Etonnant dans toutes ses actions, la postérité se refusera à croire tout ce qui s'est passé sous son règne, si chaque page de l'histoire de l'Empire français, si cette foule de monumens, dont il a couvert la France et embelli Paris, ne l'attestaient aux siècles les plus reculés. Elle placera sans doute l'Empereur à côté des hommes les plus illustres. Car quel serait l'historien assez partial qui, malgré les écrits de ce tas de libellistes obscurs, de cette tourbe de folliculaires stipendiés, quel serait l'historien, dis-je, qui, malgré les fautes qu'il a commises et qui ont tant coûté à la France, lui refuserait la place qui lui est assignée dans les annales du monde ? Elle est composée de trop de fleurons divers, la couronne de gloire que ses contemporains lui ont accordée, pour qu'elle ne soit pas immortelle. Non ! ses malheurs ne changeront rien au jugement de nos neveux. Pompée perdit à Pharsale le trône du monde ; en Egypte, la vie de la main d'un lâche assassin ; Pompée n'en fut pas moins placé au premier rang de ces grands hommes qui ont illustré la république romaine, de ces hommes qui ont rempli l'univers de leur nom. Tant qu'il existera des livres et des gens assez instruits pour les comprendre, assez amateurs des grandes choses pour en conserver le souvenir, on recherchera avec avidité les moindres actions de Napoléon, tant elles se lient à l'histoire de ces temps, que je pourrais appeler les temps héroïques de la Nation française.

Dans le jugement que nous avons à porter des hommes publics, et principalement de ceux qui ont eu en mains la suprême puissance, il faut se reporter au temps qui les a précédés, examiner avec attention d'où ils sont partis, pour être plus à même par là d'apprécier les changemens qu'ils ont faits, ainsi que les bienfaits que nous devons à leur administration. Examinons succinctement la situation de la France à l'époque où Napoléon prit les rênes de son gouvernement.

La France bouleversée par le système des papiers-monnaies et par cet esprit de démagogie qui, après avoir renversé la monarchie, avait si long-temps agité la convention nationale, délivrée cependant du joug que la hache révolutionnaire avait fait peser sur sa tête ; la France, dis-je, paraissait respirer un peu sous le gouvernement du Directoire, et semblait n'avoir rien tant à cœur que de réparer les pertes qu'elle avait essuyées, et cicatriser les plaies que la révolution lui avait faites. La fortune publique paraissait vouloir se rassurer, et la confiance renaître : l'industrie nationale paralysée depuis si long-temps, se ranimait ; nos relations agrandies et les communications rétablies avec quelques-uns de nos voisins qui étaient devenus nos alliés, ouvraient de nouvelles routes à la prospérité de notre commerce. Le système de nos finances qui, pendant plusieurs années, n'avait consisté qu'en nouvelles émissions d'assignats, commençait à se baser sur des résultats certains. Nos armées puissantes au dehors assuraient la tranquillité de l'intérieur, quand une révolution renversant une partie de ce même Directoire vint jeter le pouvoir entre les mains du parti démagogique. Dès ce moment, toute espèce de prospérité disparut; les sources de l'abondance se tarirent, nos relations commerciales cessèrent, le trésor public se dilapida, les administrations se désorganisèrent, le crédit national s'anéantit, et la journée du dix-huit fructidor, en rappelant ces jours d'anarchie qui avaient couvert la France de deuil, sembla vouloir anéantir toute espèce d'institution sociale. L'éducation abandonnée parut vouloir ramener la France à cet état de barbarie et d'ignorance des premiers siècles de la monarchie. Les grandes routes, ce premier moyen de communication entre les peuples, malgré l'impôt établi et spécialement affecté à leur entretien, furent tellement négligées, qu'elles menaçaient de devenir impraticables. Nos armées, naguère si puissantes, qui n'avaient pas encore connu les revers, trouvèrent des vainqueurs, et l'impéritie de nos généraux, en faisant déserter la victoire de nos drapeaux, nous fit perdre l'Italie, et ramena la guerre ur nos frontières.

La perte totale du matériel de nos armées dans la malheureuse déroute de Schœrer, et

l'impossibilité de la réparer avec des finances
aussi délabrées qu'elles l'étaient à cette époque, ni de créer une armée capable de nous
défendre, exposaient le sol français, encore
vierge, à l'invasion d'un ennemi furieux qui
avait dix ans de honte et de défaites à venger. Divisée par des partis puissans qui la
déchiraient et neutralisaient les opérations
de son gouvernement, la France à cette époque
était perdue, si le génie tutélaire qui veillait sur elle n'eût ramené des bords du Nil
cet homme, ce héros brillant de gloire et de
renommée qui devait la sauver.

Bonaparte que l'immensité des mers séparait de son pays, occupé à organiser au
Caire la nouvelle colonie qu'il venait de conquérir, connut les malheurs qui accablaient
sa patrie, et sous lesquels elle était prête
à succomber. Il se crut encore une fois appelé à la sauver. Il conçut et exécuta le hardi
projet de son retour. Il s'embarque en secret
à Alexandrie avec le peu des siens qu'il des-
tinait à le suivre, traverse sans obstacle la Méditerranée, et arrive le 9 octobre 1799 à Fréjus.
Sans s'arrêter à recueillir sur son passage les
démonstrations de joie et d'admiration que
les peuples lui prodiguaient, il arriva à Paris

le 15 du même mois, et il obtint le lendemain son audience du Directoire.

. Dès que le retour de Bonaparte fut connu
en France, chacun fonda sur lui ses espé-
rances. C'était aux yeux de tous, le Dieu
du jour qui devait terrasser l'hydre de la révolution. A son approche, les dissensions cessèrent, tous les partis se réunirent pour le
fêter, et l'on attendit de lui seul le dénoue-
ment de toutes ces intrigues politiques qui
agitaient notre malheureuse patrie à cette
époque.

Le soldat Français qui avait suivi ses drapeaux auxquels la victoire s'était constam-
ment montrée fidèle, aimait à se rappeler avec
fierté cette étonnante campagne de 1796, où
après avoir couvert de gloire l'armée d'Italie,
son général était allé conquérir la paix jusqu'aux portes de la capitale du plus impla-
cable ennemi qu'eût la France. Le soldat
Français naturellement brave, devait nécessairement aimer celui qui tant de fois avait
donné des preuves non-équivoques de son
courage; aussi l'armée manifesta-t-elle sa sa-
tisfaction sur son retour, et fit-elle connaître
le désir qu'elle avait de le voir à la tête des
affaires.

C'est dans cette disposition de choses, que

fut préparée la journée du dix-huit brumaire. Bonaparte était instruit de tout ce qui se passait, et, entouré de son état-major, il en attendait chez lui le résultat. Il ne commença à agir que lorsqu'il connut le décret qui trans- férait le Corps législatif à St.-Cloud. Dès ce moment, la constitution de l'an 3 fut renver- sée ; une nouvelle charte rédigée par Sieyès le mit à la tête du gouvernement en qualité de premier Consul.

Aussitôt que Bonaparte eut en mains les rênes du gouvernement, quelle fut sa con- duite ? Ne fut-elle pas marquée au coin de la sagesse et de la prudence ? Eclairé sur les maux de son pays, il voulut les faire dispa- raître. Et sentant qu'une administration sage pouvait seule le faire parvenir à son but, ses premiers soins furent pour la paix, dont la France avait à cette époque un urgent besoin. Elle fut offerte à l'Angleterre qui rejeta ses propositions. Il fut plus heureux dans les démarches qu'il fit pour la pacification inté- rieure. La France minée depuis long-temps par une guerre civile opiniâtre, vit cesser ce fléau la première année de son consulat. La Vendée ayant posé les armes, Bonaparte ne s'occupa plus que de mettre son pays en état de faire repentir ses ennemis d'avoir prolongé les malheurs de la guerre. L'étonnant passage du mont St.-Bernard que couronna peu après la victoire de Marengo, où fut déployé tout ce que le génie de la guerre peut avoir de ressource, ne tarda pas à amener la paix du continent. Elle fut signée à Lunéville le 20 février 1801.

Les destinées du monde paraissaient être attachées à la vie de Bonaparte. Les ennemis de la France prévirent jusqu'où s'élèverait un homme qui débutait avec tant d'avantage dans la carrière diplomatique. Ils résolurent sa mort, et tentèrent mille moyens pour y parvenir. Le plus éminent de tous les périls qu'il ait courus, est sans contredit celui auquel son heureuse étoile lui fit échapper. Le 24 décembre 1800, une charette assez semblable à celles des porteurs d'eau fut placée dans la rue St.-Nicaise : elle était pleine d'artifices, et devait sauter au moment où la voiture du premier Consul passerait. L'adresse et la rapidité de son cocher trompèrent tous les calculs des conjurés, et le sauvèrent. Il était déjà hors d'atteinte quand cette machine, que l'on nomma dans la suite infernale, fit son explosion, et sema dans tout le quartier l'épouvante et la mort.

Bonaparte à la tête des affaires ayant senti,

je le redis encore, tout le besoin qu'avait la France d'une paix sûre et durable, s'occupa sans relâche du soin de la lui procurer : déjà un traité avait été conclu avec les Etats-Unis d'Amérique. Celui avec l'Autriche le fut à Lunéville le 20 février 1801. La Russie et la Porte cessèrent d'être ses ennemis, et l'Angleterre ne tarda pas à suivre leur exemple. Le traité qui fut fait avec cette puissance, et qui fut signé, le 25 mars 1802, à Amiens, assura la paix générale en Europe.

La religion, ce puissant véhicule de la morale, s'était également ressentie du système désorganisateur qui avait étendu ses ravages sur toute la France. Ses ministres livrés à la charité des fidèles, vivaient dans le besoin, la plupart même encore gémissaient dans les prisons, ou pleuraient loin de leur pays une ingrate patrie qui les rejetait de son sein. Ils furent rappelés. Une convention ou concordat fut arrêté avec le Pape, et signé le 15 juillet 1801. La religion catholique fut rétablie et déclarée celle du gouvernement et de la majorité du peuple Français. Un traitement assuré sur le trésor national vint améliorer à jamais le sort de cette partie la plus utile du clergé.

Un acte émané de ce gouvernement que l'on veut aujourd'hui rendre odieux à tous les

2

Français, vint encore à cette époque réveiller cet enthousiasme d'amour qui l'avait environné à sa naissance. Une quantité de Français tous attachés au sort du malheureux Louis XVI gémissaient éloignés de leurs familles , ne pouvant considérer leur patrie qu'à travers du prisme du bonheur dont un décret de mort les séparait à jamais. Un sénatus-consulte amnistia tous les émigrés, et leur permit de rentrer et de jouir au sein de leurs familles d'une paix et d'une tranquillité qu'ils avaient cessé d'espérer.

Si j'écrivais la vie de Bonaparte ou bien son éloge, je parlerais de cette administration qui l'a rendu cher à la France ; j'essayerais la description de ces immenses travaux qui ne lui ont pas moins acquis de gloire que les champs de Lodi, de Marengo, d'Austerlitz, d'Iéna, d'Eylau et de Wagram, etc.... Mais je ne veux ici que réfuter un méchant libelle par des faits principaux et connus de tout le monde.

Lorsque Napoléon prit en mains les rênes du gouvernement, tout était dans un dédale affreux. La convention nationale, sans cesse occupée à détruire sans rien créer, avait tout bouleversé , et les différens partis qui avaient agité le Directoire, l'avaient empêché de rien entreprendre pour le bonheur de la France. La dilapidation du trésor national avait amené le discrédit public et doublé les dépenses de l'état. Tout fournisseur, calculant dans les marchés qu'il faisait avec lui, non-seulement les sommes qu'il serait obligé de verser entre les mains des agens du gouvernement pour parvenir à recouvrer ses avances, mais encore les risques qu'il courait de tout perdre, n'acceptait que des conditions qui lui présentaient un bénéfice de trois ou quatre cent pour cent. Le gouvernement payant mal, perdait vis-à-vis de l'entrepreneur tout avantage, et sur-tout celui de se plaindre ou de refuser une mauvaise livraison. Bonaparte sentant le besoin de remédier à tant d'abus, commença d'abord par régler un système de finances dont les recettes, en couvrant les dépenses, laissaient cependant encore plusieurs millions à la disposition de l'état pour acquitter sa dette arriérée. La caisse d'amortissement fut chargée de cette branche administrative du trésor. La plupart des fonctionnaires publics furent obligés de verser en ses mains, à titre de prêt, dont elle lui garantissait le capital et les intérêts, une somme déterminée, proportionnée aux bénéfices présumés que chacun devait faire dans l'emploi qu'il était appelé à exercer sous les auspices de la loi. Les arts libéraux seuls n'y furent point assujettis. Ces cautionne-mens ne devant être remboursés qu'à la mort ou la démission du titulaire, en servant de garantie publique à tous, furent employés à l'anéantissement de la plus grande partie de la dette nationale , sans surcharger le trésor. Et les rentes sur l'Etat, dont les intérêts étaient assurés désormais par une adminis-tration aussi sage, montèrent successivement de 22 à 78 francs pour cent, ce qui est la meilleure preuve du crédit que l'on accordait au gouvernement.

L'administration de la guerre ne s'améliora pas moins que celle des finances. Des conseils d'administration furent créés dans tous les régimens Français qui, en assurant les intérêts du gouvernement, assuraient en même temps le bien-être du soldat. Nos braves des armées, du sort desquels on s'était occupé si peu , furent bien vêtus, chaussés et nourris. Le gouvernement payant bien, contrôlait toutes les fournitures, et l'entrepreneur ne s'engraissa plus de la pâture du militaire ou du gouvernement.

L'établissement de cet ordre immortel de la Légion d'honneur en accordant au courage et à la bravoure une récompense digne de ses travaux, ne laissa plus mourir dans la misère ou le besoin le militaire qui avait sacrifié sa vie pour son pays, et que ses blessures, ses infirmités ou son âge forçaient alors de quitter ses drapeaux. Si nous avons comblé d'éloges mérités et béni la mémoire de Louis - le - Grand pour la fondation de cet hôtel, où l'Etat prenait soin d'un reste de vie que le vieux soldat comme l'ancien officier ne pouvait plus lui sacrifier, que ne ferons-nous pas pour celui qui fonda cette institution si grande, si libérale, si belle, et qui a fait tant de héros dans nos armées. HONNEUR ET PATRIE, de tout temps vous serez la devise des Français, et nos derniers neveux adoreront avec vénération un jour ces croix, marque du courage et de la bravoure de leurs ancêtres, qui attesteront aussi la munificence de de celui qui fut le plus à même de les apprécier. Vainement aujourd'hui voudrait-on avilir aux yeux de la multitude cette institution si sublime, en prodiguant une décoration à laquelle nous attachions tant de prix. Rassurez-vous, camarades, braves guerriers, on saura toujours distinguer celui qui l'acheta au prix de son sang, celui qui en fut décoré au champ d'honneur par les mains du fils aîné

de la victoire, d'avec celui qui ne l'obtient
qu'à force de bassesses.

Si je jette les yeux sur l'administration de
la justice, même cahos que dans les autres
branches de l'administration publique. Un
fatras de lois, la plupart incohérentes entre
elles et se détruisant réciproquément ; une
foule de coutumes qui régissaient un pays,
une ville même; quantité d'ordonnances rendues par plusieurs de nos Souverains, ren-
daient l'exercice de la justice différente dans
chaque tribunal, et lui donnaient presque
une jurisprudence particulière. Nous n'avions
point de lois pour en avoir trop. La connaissance de toutes celles qui existaient, deve-
nait pour nos légistes une étude longue et
pénible, et leur explication embarrassait souvent le jurisconsulte, comme le juge, qui
était chargé de nous juger. Bonaparte entre-
prit de les débrouiller et de les assembler en
un seul code. Ce que l'expérience de trente
siècles put nous fournir d'observations, ce
que nos plus savans légistes purent réunir de
lumières, ce que les Romains eurent de plus
parfait en législation, ce qui fut trouvé juste
et convenable dans les édits et les ordonnances de nos rois, tout fut pesé dans la balance
de la justice et de l'intérêt de tous ; et ce re-

cueil immense de lois qui seul eût fait la gloire de plusieurs de nos rois, sortit en quelques années des mains de Napoléon, et assura à jamais à la France le bienfait d'une jurisprudence uniforme. Le riche comme le pauvre, le puissant comme le foible, tous furent jugés par les mêmes lois.

De quelque côté que je jette mes regards, par-tout je vois une foule de monumens sans nombre qui attestent la grandeur de Napoléon. Ici ce sont des montagnes qui s'abaissent, des vallées qui se comblent, des rochers qui s'ouvrent pour faciliter les communications entre des peuples étonnés de se trouver si voisins. Le génie de l'Empereur vivifie tout. Là c'est une ville bâtie où l'on ne trouvait que des Landes. Sur ce Mont-Cénis à jamais mémorable, le voyageur surpris trouve un village, où jadis il ne voyait que frimas ou rochers. Plus loin, dans les climats fertiles de la Gaule Narbonnaise, c'est un fleuve détourné qui va porter le commerce et faciliter par un canal superbe qui joint l'étang d'Agde au Rhône, le transport des produits des arts et de l'agriculture. Au Nord, c'est un autre canal qui, joignant le Rhin à la Seine, établit une communication directe entre les mers de la Scandinavie et les mers du Midi. Et le nautonnier parti des bouches du Rhône s'étonne de se voir naviguer sur les flots rapides du Rhin ou sur les riches bords de la Sambre ou de l'Escaut, ou bien dans les campagnes fertiles que la Meuse tranquille baigne de ses eaux. Ailleurs, mon attention se fixe sur ce chantier magnifique, sur ce bassin si vaste, sur cette ville si riche, entourée de murailles et de fortifications qui en font une des principales forteresses de l'Europe. Sur les côtes de la France, j'admire ce port majestueux commencé par le dernier de nos rois, qui s'achève en peu d'années sous le règne de Bonaparte, et qui menace à chaque instant cette fière Albion, cet ennemi si redoutable de la gloire de la France.

Mais c'est à Paris sur-tout que mon admiration est à son comble. Ce n'est plus aujourd'hui la capitale de la France, c'est la capitale de l'Europe, c'est la capitale des beaux arts. Quelle foule de monumens consacrés à la gloire des armées françaises et élevés pour son embellissement ! Combien de bâtimens construits pour son utilité ! que de marchés magnifiques ! Tout porte le cachet de la grandeur et de la majesté. La Halle aux bleds recouverte et défiant, malgré sa hardiesse, les injures des temps ; l'en-

trepôt des vins et des laines assurant aux
marchands et aux propriétaires des magasins
immenses pour leurs denrées; des places publiques bâties et agrandies, les rues alignées,
de nouvelles percées, des fontaines fluant dans
tous les carrefours, et ramenant la salubrité
dans tous les quartiers; un hôtel superbe pour
la bourse, où le négociant venant échanger
ou acheter les produits des quatre parties
du monde, trouvera tout ce que l'art a pu
créer de plus beau pour rendre ce séjour
magnifique. Ce palais, monument commencé
et continué par tant de rois, qui s'achève
comme par enchantement sous son empire;
ce *Musée* qui rassemble tous les chefs-d'œu-
vres de cette antique capitale des Césars,
ceux de l'Italie, de l'Europe en un mot. En
vain a-t-on voulu lui enlever son nom : la
reconnaissance l'a gravé dans le cœur de tous
nos artistes, et le *Musée Napoléon*, qui
est autant celui de tous les pays que celui
de Paris, sera pour les siècles à venir un
monument éternel de la gloire de l'Empereur.

Nos derniers neveux en lisant un jour l'histoire de tant de merveilles exécutées sous le
règne d'un seul homme, qui eut presque toujours des guerres sanglantes à soutenir, sus-
citées par la jalousie de ses voisins, ne pour-

ront lui refuser leur admiration ; et les générations futures se refuseraient sans doute à
les croire l'ouvrage d'un seul homme , si
tant de témoins de sa gloire ne l'attestaient
aux siècles à venir. Est-il possible d'anéantir
cette quantité de décrets, cette foule de réglemens administratifs datés des champs de
bataille ou des camps , d'Ulm, de Ratisbonne , de Vienne, des bivouacs d'Austerlitz ,
de la capitale des états du grand Fréderic ,
de cet ancien séjour des rois de Pologne,
dont il avait presque relevé le sceptre rompu
depuis tant d'années ; de cette cité antique
du vaste empire des Czars , de ce Krémelin
qui fut si long - temps leur demeure ? Ces
grands monumens de l'histoire ne diront-ils
pas aux siècles le plus reculés, et la gloire
de Napoléon et cette sollicitude pour le bonheur de ses sujets qui le forçait au milieu
des hasards de la guerre , dans le tumulte
des camps, de s'occuper de réglemens sur les
manufactures et le commerce, sur les finances et la police, sur tout ce qui regardait la
prospérité de l'état , et sur toutes les branches de l'administration. Rien ne languissait ;
le travail se faisait à l'armée comme à Paris
dans les bureaux ; et la même main qui gagnait des batailles, ne quittait l'épée après

la victoire, que pour signer ou le décret qui séchait les larmes de la veuve du soldat mort au champ d'honneur, ou celui qui adoptait au nom de la patrie le fils du brave qui lui avait sacrifié sa vie. Combien d'orphelins marchant sur les nobles traces de leurs pères, ont offert à l'Empereur une existence, dont lui seul avait pris soin, qui ont fait de bons officiers et n'auraient jamais reçu, sans la munificence de Napoléon, assez d'instruction, même pour faire un bon soldat.

Je pourrais retracer le tableau des arts parvenus sous son règne à un degré de perfection inconnu jusqu'à nous, celui des connaissances acquises et des progrès que, dans le court espace de dix ans, les sciences ont fait en France, et qu'elles doivent autant à la protection qu'il leur accorda, qu'à la direction qu'il sut donner aux travaux de tous les corps littéraires ; mais un simple aperçu des progrès de l'industrie nationale suffira pour faire sentir que dans plusieurs siècles encore, on saura apprécier les bienfaits de son administration.

Il y a près de vingt ans que l'on ne connaissait en France d'autres manufactures que celles employées à la soie ; il se fabriquait encore quelques chapeaux, des draps, de la clincaillerie et de la coutellerie commune ; voilà quel était à peu-près le produit de nos fabriques. Celui de tous les autres genres d'industrie, ou nous était inconnu, ou était si peu soigné, que nous étions obligés de le tirer de l'étranger. L'Angleterre avait sur nous de grands avantages à cet égard, et nous avait rendus ses tributaires sous bien des rapports. Nous étions obligés d'aller chercher chez eux les toiles peintes, les mousselines, les toiles de coton, les cotons filés, le basin piqué ou uni, les velours, les ouvrages en acier poli, l'acier fin lui-même, si nécessaire à notre consommation. Cependant nous trouvons tous ces objets dans notre propre pays: des manufactures ont été créées en France, et elles y ont fait de si grands progrès, que nos manufacturiers ont laissé bien loin derrière eux nos rivaux, et qu'ils peuvent maintenant, soit pour la perfection, soit pour le prix, soutenir la concurrence. Pendant que ces manufactures diverses s'élevaient, les anciennes se perfectionnaient, des découvertes utiles les amélioraient, et des hommes justement célèbres les illustraient. Lyon conservera dans ses annales et avec reconnaissance les noms des Vaucanson, des Lassalle, des Jacquard, des Gensoul, et sur-tout celui des Bonnard qui les premiers enlevèrent à l'Angleterre l'art de fabriquer les tulles, et leur ravirent cette branche de commerce qui nous minait et les enrichissait. Le nom des Pictet de Genève, des Ternaux de Rheims, des Grandin d'Elbœuf, des Paignon de Louvier, n'en sera pas moins cher à leurs compatriotes, qui conserveront long-temps le souvenir des services qu'ils ont rendus à leur pays. Tout était poussé vers le même but, et marchait à grands pas vers la perfection. L'agriculture s'améliorait et doublait ses produits. La vente des denrées qui se soutenait, encourageait le colon ; les laines s'amélioraient, et les sacrifices qu'avait fait le gouvernement, ainsi que quelques grands propriétaires pour acclimater les brebis et les béliers espagnols en France, assuraient aux fabricans des toisons aussi belles que celles de l'Andalousie. Mais je m'arrête : les bornes de cet opuscule ne me permettent pas de tout dire, de faire connaître les récompenses sans nombre que l'Empereur accordait, soit à celui qui, par l'invention d'une mécanique nouvelle, diminuait la main-d'œuvre, soit à celui qui, par de nouveaux procédés, la perfectionnait. Un seul trait fera connaître l'esprit de cet homme

que l'on nous peint comme un nouveau Néron, un Caligula, un Tibère.

La fabrique d'imprimerie sur toile de coton de M. Obercampff à Jouy , est sans contredit une des plus belles, non-seulement de
France, mais encore de l'Europe; elle oc-
cupe plus de six mille ouvriers; tout y est
réuni, filature, métiers pour tisser, blanche-
rie et imprimerie. Lors de la dernière guerre
d'Autriche, le crédit public en France se res-
serra tellement, que le chef de ces ateliers fut
un moment sur le point de s'arrêter, et il ne
continua ses opérations qu'en faisant d'énormes sacrifices. A son retour à Paris, l'Empereur voulut aller visiter cette manufacture.
M. Obercampff, honoré de la présence de sa
Majesté, s'empressa de l'accompagner par
tout. Napoléon voulut tout voir; il entra dans
tous les détails, fit aux divers chefs d'ateliers
des remarques qui décelaient bien plus l'ob-
servateur et l'administrateur que le chef-de
l'Etat. M. Obercampff lui fit part de sa triste
position, de la crainte où il était de voir,
faute de moyens pour le soutenir, son établissement s'évanouir dans le moment où la paix
lui donnait l'assurance de recouvrer ce qu'il
avait perdu. L'Empereur désira connaître
quelle somme serait nécessaire à ses besoins.

M. Obercampff lui répondit que s'il pouvait
trouver trois millions à emprunter, il croyait
pouvoir s'engager de rembourser, intérêt et
capital, avant dix-huit mois. L'Empereur se
fit donner une plume, lui fit un bon de cette
somme sur sa cassette, détachant sa croix et
la lui donnant : « *Je vous fais Chevalier de*
« *la Légion d'honneur*, lui dit-il ; *vous sa-*
« *vez mieux que moi faire la guerre aux*
« *Anglais* »

Portons maintenant nos regards sur la vie
militaire de cet homme que l'on voudrait nous
peindre comme un lâche et un ignorant dans
l'art de la guerre. Comment redire en quelques pages tant d'exploits, tant de victoires
gagnées ! Comment retracer tout ce qu'il a
fait de grand ? il n'appartient qu'au burin de
l'histoire de nous rappeler de si mémorables
souvenirs, et de faire connaître tant d'actions
éclatantes. Alexandre et César ont trouvé des
Quinte-Curce, des Suétonne et des Tacite. Les
grands hommes font naître les grands histo-
riens. Napoléon aussi aura le sien, qui trans-
mettra à la postérité les hauts faits de ce
héros. Cependant, parcourons rapidement ces
champs où sa main moissonna tant de lauriers.

Bonaparte, né d'une famille patricienne-de

la Corse, fut d'abord envoyé à l'école de Brienne, ensuite à celle de Paris, où il acheva son éducation militaire. Il fut admis en 1788 au régiment de la Ferre, artillerie. Après des examens brillans, soutenus avec les plus grands succès, il quitta le service en 1790, pour retourner en Corse où il fut nommé lieutenant-colonel de la garde nationale d'Ajaccio. Les intrigues de Pâoli qui tendirent à livrer cette île à l'Angleterre, et dans lesquelles il ne voulait point entrer, le forcèrent de quitter son pays pour venir s'établir près de Toulon, qui se rendait alors aux Anglais. Le représentant du peuple *Saliceti* (c'est ainsi que l'on nommait à cette époque les mandataires de la nation) qui fit sa connaissance, sut discerner dans son jeune ami des talens qui pouvaient être utiles à son pays. Il le présenta à Barras comme un officier que l'on pouvait employer avantageusement au siége de cette ville. Il ne tarda pas de s'y faire remarquer. Ayant été chargé de la défense du fort *Pharon*, l'intrépidité, le sang-froid qu'il y montra, les talens qu'il déploya, la bravoure et le courage qu'il fit voir en défendant presque seul une batterie, lui valurent le grade d'adjudant-général. Dugomier qui commandait l'armée des assiégeans, fut un des premiers

qui sut le mieux distinguer les talens nais-
sans de ce héros. Visitant un jour, accom-
pagné des représentans du peuple, les travaux de la tranchée, et l'ayant trouvé occupé à donner des ordres : « Citoyens, dit-
« il à Barras et à son collègue, *voilà un*
« *jeune homme que si vous ne l'avancez*
« *pas, saura bien s'avancer lui-même.* »

La tourmente révolutionnaire qui agita notre malheureuse patrie, lui mit un instant
les armes à la main contre ses concitoyens ;
mais avare de leur sang, il employa tous les
moyens possibles pour en diminuer l'effusion,
tout en assurant le succès de la journée du
12 vendémiaire. Un feu terrible d'artillerie
poussé bien avant dans la nuit, dont les gar-
gousses étaient sans boulet, inspira une si
grande terreur dans la populace, qu'il par-
vint facilement à son but.

Chargé quelque temps après du comman-
dement des troupes qui devaient agir contre l'Italie, il quitta celui de Paris pour aller
se mettre à la tête d'une armée délabrée,
sans matériel, dénuée de tout. Son génie
créa tout. Arrivé sur le sommet des Alpes :
» *Amis*, dit-il à son armée, *jetez un regard*
» *sur ces vastes plaines du Piémont et de*
» *la Lombardie. Les lauriers y croissent en*

« *abondance ; c'est là que vous trouverez*
« *une ressource immense contre les besoins*
« *qui vous assiégent.* » Les brillantes journées de Montenotte, de Millésimo de Dégo,
et Mondovi ne tardèrent pas à faire connaître un général que tout le monde trouvait
trop jeune. Le talent qu'il déploya dans la
conduite de ces phalanges encore peu exer-
cées, mais pleines de courage et d'ardeur,
poussées par cet élan national qui faisait
leur force, firent présumer les succès de cette
campagne. En effet, elle est une des plus
étonnantes dont les annales de l'histoire
fassent mention, tant par la tactique que le
général y déploya, tant par la bravoure et
l'activité qu'il y montra, que par les brillans résultats qu'il y obtint. Il remporta qua-
torze victoires en bataille rangée, gagna soixante et dix combats, prit cent vingt-cinq
drapeaux, deux mille cinq cents canons, quatre équipages de pont, fit cent mille prison-
niers, sans avoir reçu le plus petit échec. Il
s'avança jusqu'aux portes de la capitale des
États héréditaires de l'Autriche, et força
l'empereur d'Allemagne à demander la paix.

Un trait qui caractérise le sang-froid de
Napoléon, et qui se passa au combat de
Salo, mérite de trouver place ici. Il s'était

avancé à la tête de douze cents hommes seu-
lement jusqu'à Salo et Gavardo. Le général
ennemi fort de quatre mille soldats, crut un
instant en son pouvoir ce corps si inférieur
au sien. Il le fit sommer de se rendre. « *Allez*
« *dire à votre chef*, dit Bonaparte lui-même
« au parlementaire, *que s'il a voulu insulter*
« *l'armée Française, je suis ici ; que c'est*
« *lui et toute sa troupe qui sont mes prison-*
« *niers ; que si d'ici à huit minutes il n'a*
« *mis bas les armes, je le fais passer lui et*
« *les siens au fil de l'épée.* »

Le parlementaire trompé par tant de
fermeté, épouvanté par ces menaces, com-
muniqua toutes ses craintes à son général qui
demanda à entrer en pour-parler ; mais le
détachement Français ayant fait quelques
mouvemens qui annonçaient l'intention d'attaquer, et ayant par là ajouté à la terreur
des Allemands, ils acceptèrent la capitula-
tion, et se rendirent à discrétion.

C'est aussi dans cette campagne que l'armée fut témoin à Lodi, d'un de ces traits de
bravoure que l'enthousiasme de la gloire peut
seul dicter, et dont les annales françaises
nous donnent quelques exemples. Le pont
de Lodi qu'une artillerie formidable foudro-
yait de toute part, devait être emporté. L'ar-

mée Français ehésitait , et fut sur le point de
se rompre. Bonaparte se saisit d'un drapeau,
se met à la tête de la colonne, traverse le pont
au milieu d'une grêle de balles et de boulets.
Tous les retranchemens furent enlevés, chaque soldat se conduisit en héros , tant il fut
animé de l'exemple de bravoure et d'intrépidité que venait de lui donner son général.

Ce fut après cette campagne , à son retour
de Rastadt où il avait été envoyé en qualité
de plénipotentiaire, qu'il vint à Paris pré-
parer son expédition d'Egypte , dont on n'a
bien senti toute l'importance et les résultats
avantageux qu'elle devait avoir pour la France
contre le commerce de l'Angleterre, que lorsque nous avons cessé de posséder cette Colonie
déjà si brillante. Les dangers de cette entre-
prise, le mauvais état et la faiblesse de notre
marine , firent croire à toute l'Europe que le
Directoire avait voulu se défaire d'un homme qu'il redoutait; mais le choix qu'il fit lui-
même des troupes qui devaient être embar-
quées, celui des artistes, des hommes de
lettres et des savans qui devaient l'accompagner, firent soupçonner, comme j'en ai acquis la certitude depuis, que ce projet était
entièrement de lui.

Cette campagne ne fut pas moins brillante

que celle d'Italie , et se fit principalement
remarquer par une tactique nouvelle qui
assura la victoire au génie de Napoléon. Ses
savantes manœuvres rendirent presque nulle
cette innombrable cavalerie des Mamelucks
qui vint s'échouer et se détruire contre nos
carrés d'infanterie qui, à chaque pas, présentaient un front hérissé de canons et de
baïonnettes. La conquête de l'Egypte se fit
avec cette rapidité qui accompagua toujours
les armes de Napoléon. L'historien a peine
de suivre dans ses marches cette armée qui
compte chaque journée par un combat, et
chaque combat par une victoire. Cette cité
qui vit triompher Alexandre et César, cette
ville qui reçut des lois de la belle Cléopâtre,
ces fameux monumens de la Thèbe aux cent
portes, ces pyramides encore debout après
tant de siècles, ce désert qui borne l'Egypte
au Levant, la plupart des villages de ce pays
si riche et si beau, qui fut le berceau des
sciences et des arts, ont tour à tour été les
témoins des triomphes de Bonaparte.

La Colonie se fonde, l'administration s'or-
ganise, les établissemens publics s'affer-
missent, tout promet à la France une province qui doit la dédommager de la perte de
presque toutes ses possessions dans l'Inde et

l'Amérique. Mais le gouvernement est lui-même à deux doigts de sa perte dans la mère patrie ; il ne peut rien faire pour la Colonie naissante. Cependant un faible secours de cinq mille hommes part de Toulon, sous l'escorte de quatre vaisseaux de ligne, commandés par Ganthaume. Il se présente devant Alexandrie qu'il trouve bloquée par la flotte Anglaise. Il vient débarquer dans le royaume de Tripoli. Ses troupes s'effrayent de la traversée du désert, se rembarquent presque aussitôt, et rentrent en France sans avoir réussi dans le but de leur expédition. Ah ! que nous sentîmes vivement alors la perte que nous avions faite une année auparavant à la bataille d'Aboukir, où le contre-amiral Bruys en compromettant par son impéritie les restes de la marine de France, avait mis cette puissance dans l'impossibilité de faire passer à Bonaparte les secours que sa position exigeait, ce qui faisait manquer l'entreprise la plus avantageuse que la France eût jamais tentée pour sa prospérité.

Après cette campagne, la seconde que Napoléon fit en Italie vint encore augmenter sa gloire militaire. Mis à la tête de la France dans un moment où tout présageait sa chûte, sans argent, sans soldat, n'ayant pu réussir à faire accepter la paix à ses ennemis, il traverse ces monts dont le passage seul eût immortalisé Annibal et Charlemagne, se trouve en présence des coalisés avec une armée de moitié moins nombreuse que la leur, et leur livre bataille aux champs à jamais mémorables de Marengo. La victoire fut un instant indécise; mais le génie de l'Empereur, profitant à propos d'une fausse manœuvre que fit le général Mélas, sut la fixer sous ses drapeaux, et le plus brillant succès vint couronner ses efforts. L'Italie rentra sous notre domination, et la France ne tarda pas à jouir des bienfaits de la paix.

Ce bonheur ne fut pas de longue durée. L'Angleterre ayant rompu ses liaisons amicales avec la France, ne tarda pas à entraîner dans sa cause la maison d'Autriche qui brûlait de reconquérir les parties de son territoire que la paix de Lunéville lui avait enlevées. Cette dernière puissance était entrée à mains armées sur le territoire de la Bavière, notre alliée. Elle venait de signer un traité d'alliance offensif et défensif avec la Russie, et les préparatifs immenses qu'elle avait faits inquiétaient la France. L'Empereur avait assemblé à Boulogne-en-Mer une armée nombreuse dans l'intention d'agir contre l'Angleterre. Il renonce momentanément à ses projets sur la patrie de ces fiers insulaires; il ébranle ses phalanges, et en moins d'un mois elles franchissent l'intervalle qui sépare les sables de l'Océan des rives du Danube. L'armée Autrichienne qui croyait celle des Français encore éloignée de plus de cent lieues, se trouve battue et coupée; elle n'a que le temps de se jeter dans Ulm où, bientôt après, le général Mack capitula avec 40,000 hommes, laissant au pouvoir des Français tous ses bagages et toute son artillerie. Un autre corps sous les ordres du général Verneck, poursuivi par le général Murat, fut entièrement pris ou tué, de sorte que le court espace de quinze jours suffit à Napoléon pour anéantir une armée de plus de cent vingt mille hommes. Cet évènement aussi extraordinaire, fut autant dû à son génie militaire qu'à la terreur que sa renommée inspira toujours à ses ennemis.

Après avoir vaincu en plusieurs rencontres les armées Austro-Russes, et poursuivant avec son activité ordinaire la marche rapide de ses succès, il s'empare de Vienne, court à la rencontre du général Kutusow, le défait, s'empare de la forteresse de Brünn, traverse la Moravie, et rencontre les armées Austro-

Russes en avant d'Austerlittz, que les deux Empereurs commandaient en personne. L'armée Française se trouvait alors éloignée de plus de 230 lieues de ses frontières. Le moindre revers eût écrasé l'Empereur. Les coalisés crurent un instant de pouvoir l'accabler; et presque sûrs du triomphe, ils osèrent lui proposer la paix, aux conditions de replacer sur le trône d'Italie l'une des maisons de l'Europe déplacée par les derniers évènemens, et de la garantie, pour lui et sa dynastie, de la couronne de France ayant pour limites le Rhin, les Alpes et les Pyrénées. (Fût-il un seul instant question de la famille du malheureux Louis XVI?) L'Empereur ne répondit qu'avec indignation à de pareilles propositions. Cependant, ne jugeant pas sa position assez avantageuse pour déployer son immense artillerie, il donna ordre de se replier sur Austerlitz où il se disposa à recevoir la bataille que ses ennemis paraissaient empressés de lui présenter. Les plus habiles dispositions furent prises pour en assurer le succès : en effet, le lendemain les Austro-Russes ayant attaqué l'armée Française, furent aussitôt rompus et culbutés dans les marais, où leur artillerie devenue inutile resta en notre pouvoir. L'Empereur était par-tout, veillait à tous les mouvemens des divisions, et il déclara que la victoire n'avait jamais été un seul instant indécise. Après une défaite aussi complette, l'Empereur d'Allemagne ne vit plus pour lui de salut que dans la paix. Il vint voir Napoléon à son bivouac, sur le champ même de la bataille; et peu de temps après, le traité entre la France et l'Autriche fut signé à Presbourg, aux conditions que l'on voulut imposer : il acquit à la France les Etats de Venise, le Brisgavv, le pays de Saltzbourg, la Dalmatie et le Tyrol.

La campagne qui suivit celle qui fut si glorieusement terminée à Austerlitz, fut la campagne de Prusse. Depuis la paix signée à Bâle, et conclue entre le père du Roi de Prusse actuel et le Comité du salut public, le cabinet de Berlin recevait de la France cinq millions tournois par an pour garder la neutralité. Presque à l'époque de la bataille d'Austerlitz, une convention venait d'être signée à Postdam entre la Prusse, la Russie et l'Angleterre. Par cette convention, la Prusse devait offrir sa médiation pour la paix; et au cas qu'elle ne fût pas acceptée par la France, alors après avoir reçu une assurance de subsides de la part de l'Angleterre, elle devait lui déclarer la guerre. L'Empereur Napoléon

voulant punir la perfidie de son allié, et faire
cesser un traité qui faisait sa honte, fit marcher ses phalanges contre les vieilles bandes
du grand Fréderic. Les deux armées se ren-
contrèrent dans les champs d'Iéna. Jamais
victoire ne fut plus complette et moins dis-
putée. Presque toute l'armée Prussienne fut
battue ou dispersée, et la campagne se trouva
décidée en un jour. Les forteresses de Span-
dau, Custrin, Stettin, Glogau, Magdebourg,
Berlin même, tombèrent au pouvoir du vainqueur.

Cependant l'Empereur de Russie, ce fier
allié de la Prusse, réunit ses troupes à celles
de Fréderic, et ne crut pas encore devoir
abandonner la partie. Il occupait la Pologne.
L'Empereur des bords de la Sprée marche
aux rives de la Vistule, bat les armées réunies
à Friedland, et la victoire d'Eylau vint encore une fois donner la paix à l'Europe. Le
traité de Tilsitt en assurant l'indépendance de
la Pologne, et diminuant l'influence de la
Prusse, vint encore augmenter notre prépondérance.

Cependant l'Angleterre que le système
continental appauvrissait, toujours plus in-
téressée à susciter de nouveaux ennemis à la
France, entraîna encore une fois la maison

d'Autriche à la guerre. Ce Monarque si souvent battu , crut le moment favorable pour
ressaisir en Allemagne et en Italie une domination que nos armes lui avaient enlevée.
Il voyait l'Empereur occupé de la conquête
de l'Espagne. Une partie de ses meilleures
troupes était au-delà des Pyrénées. Il saisit
cette occasion pour envahir le territoire d'un
de nos alliés, et s'avance même jusqu'à sa
capitale. Bonaparte, sans se donner le temps
de rassembler son armée, traverse la France
avec la rapidité de l'aigle, court se mettre à
la tête des Bavarois, rencontre les Impériaux
à Ratisbonne, et les bat complettement. Pendant que ses phalanges le joignent, il pour-
suit ses succès avec une activité dont l'histoire offre peu d'exemples, et il vient encore
une fois, après s'être emparé de sa capitale,
camper dans le palais de ces fiers successeurs
des Césars. Cependant l'Empereur d'Autriche fait tous ses efforts pour soutenir la lutte.
En vain l'Empereur Napoléon veut tenter le
passage du Danube à Lobeau ; ses vieux bataillons échouent, sa fortune un instant pa-
raît l'abandonner. Contrarié par la saison,
par des pluies abondantes qui font déborder
le fleuve, ses ponts sont emportés avant que
son artillerie ait pu le traverser. Il a besoin

de toute son audace, de tout son génie pour ne pas succomber. Il parvient néanmoins à faire repasser le Danube à la portion de son armée qui l'avait déjà traversé, et cette victoire dont nos ennemis se sont tant glorifiés, n'eût pour eux d'autre résultat que de retarder le moment de leur chûte. Napoléon sent qu'une seule victoire lui suffira pour terminer la guerre. Il emploie tous ses soins pour l'obtenir. Après avoir réparé les pertes qu'il a faites à Lobeau, il traverse le Danube, vient camper vis-à-vis de son ennemi dans les plaines de Wagram. Les Autrichiens occupaient des positions formidables ; des hauteurs bien armées en défendent l'approche. Cependant l'airain tonne et gronde; six cents bouches à feu de part et d'autre portent la mort et l'effroi dans les rangs ennemis. En vain le prince Charles fait tous ses efforts pour s'opposer aux progrès et à l'audace des Français. Ses bataillons sont enfoncés et dispersés, et la victoire la plus complette vient mettre la couronne impériale de l'Autriche à la disposition de Napoléon. Tout le monde a connu sa générosité : quelle en fut la récompense ?

Il ne me reste plus, pour achever le tableau de la vie militaire de l'Empereur, que

de parler de la guerre de la dernière coalition, où la défection de nos alliés, la trahison la plus insigne, ont amené les désastres
les plus inouis, où le génie de Napoléon s'est
montré avec tout son éclat. Sans m'arrêter à
discuter les causes qui ont amené cette guerre
dont je parlerai plus bas, sans entrer dans le
détail de tout ce qu'a fait l'Empereur depuis
son entrée en Pologne, j'observerai à mes
lecteurs que l'ayant presque toujours suivi dans
cette campagne, je puis assurer que les rives
du Boristhène et de la Douina, que les
champs de Smolensk, de Polosk, de la Mos-
cowa; que le passage de la Berezina; que
les batailles de Dresde, de Lutzen, de Bautzen, de Leipsick et de Torgau; que les hauteurs de Brienne, d'Arcis, de la Ferté, de
Laon, de Craon, de Château-Thierry, de Bac
en Berry; que les bords de la Seine, de la
Marne et de l'Aisne ne sont pas de moindres
trophées élevés à la gloire de l'Empereur,
que le Pô, le Tessin, l'Adda, le Mincio,
l'Addige, le Nil, les antiques pyramides des
sables de l'Egypte, les rives du Jourdain,
cette antique cité africaine bâtie par le grand
Alexandre, qui vit triompher César, les Alpes dont le passage a fait la gloire d'Annibal, qui eussent suffi à celle de Charlema-

gne, les plaines de Marengo, les hauteurs d'Ulm, le Danube, les monts escarpés du Tyrol, l'Inn, la Drave, les champs d'Austerlitz où le génie des batailles déploya toute sa puissance, ce plateau de Wagram à jamais illustré par les armées françaises, cette plaine d'Iéna si voisine du lieu qui, sous le règne du grand Fréderic, avait vu la défaite des Français, les bords de l'Elbe, de la Sprée et de la Vistule. Que par-tout il s'y est montré ce qu'il est, le grand capitaine, le guerrier intrépide, le général infatigable. Toujours à cheval, bivouaquant au milieu de son armée, il animait le soldat par sa présence, le soutenait dans ses privations par son exemple. Obligé de défendre avec des moyens insuffisans un pays envahi par des armées six fois plus fortes que la sienne, il a montré une activité extraordinaire, et déployé tout ce que le génie des batailles a pu inventer. Victorieux par-tout où il était en personne, souvent battu où il n'était pas, il n'a succombé que sous le nombre ; et sans la trahison de quelques-uns de ses généraux, il n'y a pas de doute qu'il ne fût sorti triomphant de cette lutte tant inégale.

Si tant d'actions mémorables, tant de batailles gagnées, tant de campagnes terminées si glorieusement, tant de royaumes conquis, tant de couronnes données, et tant de preuves non équivoques d'intrépidité et de courage, n'assuraient pas à Bonaparte une des premières places au temple de mémoire, quel serait donc désormais le moyen d'y parvenir? C'est à vous, Châteaubriand, c'est à vous libellistes et faiseurs de pamphlets, c'est à vous à qui je m'adresse. Répondez........

Si j'avais écrit pour des militaires; si parmi ceux qui ont servi la patrie sous ses drapeaux; si parmi les ennemis même, ou parmi ses rivaux de gloire (supposé toutefois qu'un tel homme puisse en avoir), il en était un seul qui lui refusât des talens éminens, des connaissances extraordinaires, un génie étonnant pour l'art de la guerre, je développerais à ses yeux le plan d'une de ces batailles fameuses, telles que celles de Mondovi ou de Marengo, des Pyramides ou d'Austerlitz, d'Eylau ou de Craon, où les manœuvres les plus savantes arrachèrent la victoire des mains d'un ennemi qui déjà la proclamait. Je leur montrerais le général forçant, par des mouvemens calculés, son ennemi de combattre dans le champ qu'il se sera choisi. Je ferais voir l'ingénieur saisissant d'un premier coup-d'œil l'ensemble du terrain où il doit

faire mouvoir son armée, disposant tout se=
lon la localité, plaçant ses batteries qui sou-
tiennent sans gêner ses opérations. Je vous
montrerais le commandant traçant à chaque
corps la marche qu'il doit suivre pour le faire
concourir au même but, profitant avec un
discernement inconnu jusqu'à nous des fautes de son ennemi, exaltant le courage du
soldat par sa présence, donnant par-tout lui-
même l'exemple de la bravoure et du sang-
froid; et je ne ferais cependant que retracer
à leurs yeux ce dont ils ont été, ainsi que
moi, témoins tant de fois. Tous l'ont connu,
tous l'ont admiré. Mais la majeure partie de
mes lecteurs n'a pas été à même d'apprécier
et de juger Bonaparte. Un trait leur suffira.
Deux mois avant la bataille d'Austerlitz l'Empereur, revenant de faire la reconnaissance
de Wischau, fit remarquer à son état-major
les hauteurs de la poste et des étangs. « *Etu-*
« *diez ces hauteurs,* » dit-il aux généraux
de division et aux maréchaux de l'Empire
qui l'entouraient; « *c'est ici qu'avant deux*
« *mois nous battrons les armées combinées.* »
Parcourant, l'avant-veille de cette fameuse
journée, les hauteurs de Prazen, les villages
de Letnitz et de Menitz qui se trouvaient

entre les deux armées : « *Si je ne voulais,*
« dit-il à ceux qui l'accompagnaient, *qu'em-*
« *pêcher l'ennemi de passer, c'est ici que*
« *je me placerais; mais je n'aurais qu'une*
« *bataille ordinaire: si au contraire je re-*
« *fuse ma droite, et que les Austro-Russes*
« *abandonnent ces mamelons qu'ils ont cou-*
« *ronés, fussent-ils trois cent mille hommes,*
« *ils sont pris en flagrant délit et perdus*
« *sans ressource.* » Ce trait que je rapporte
est connu de toute l'armée ; il est sans ré-
plique ce me semble. Quel génie étonnant
que celui qui calcule deux mois d'avance les
mouvemens qu'il forcera de faire à l'armée
qui lui est opposée! Quelle tactique profonde
que celle de ce général qui manœuvre deux
mois pour attirer son ennemi dans le terrain,
sur le champ de bataille où il doit succomber, qui prévoit le jour, l'instant même où
il sera vaincu.

Il ne me reste plus maintenant pour rem-
plir la tâche que je me suis proposée, que
d'examiner succinctement les reproches que
l'on fait à Napoléon. J'ai fait connaître les
bienfaits que nous devons à son administration ; je l'ai suivi dans sa carrière militaire.
Je crois avoir suffisamment prouvé que jus-

que-là son règne fut marqué du sceau de l'héroïsme et de la grandeur ; que la postérité confirmera sans doute le nom de Grand que ses contemporains se sont empressés de lui donner.

Il n'entre point dans mon plan de relever toutes les diatribes qui ont été écrites et publiées contre l'Empereur ; la majeure partie ou n'a fait aucune impression sur l'esprit du lecteur impartial, ou déjà même est entièrement tombé dans l'oubli. Qu'un libelliste déhonté ose dire que *l'histoire n'offre pas de plus grand criminel que Bonaparte, que ce fut un tyran plus odieux que Caligula, Néron, Tibère, un conquérant plus barbare que les Attila, les Tamerlan.* Qu'un autre faiseur de pamphlets, aussi méprisable, veuille nous faire croire, à l'aide de l'exagération et du mensonge, *que l'empereur fut un fou, un maniaque ;* qu'un vil Sénécius le traite d'*infâme scélérat, de brigand ;* oubliant ainsi le respect que l'on doit à cet illustre proscrit qui fut décoré du diadème ; à cet homme qui a vu les plus puissans potentats de l'Europe implorer à ses pieds sa clémence ; à tous les Etats qui ont reconnu son existence politique et l'ont salué comme

Empereur; à cet Empereur lui-même qui n'a pas craint de lui donner sa fille. Qu'un homme qui s'est fait un nom dans la littérature, qu'un *Châteaubriand*, celui même qui s'était fait son panégiriste dans le temps qu'il avait des honneurs, des grâces, des pensions à distribuer, vienne aujourd'hui l'accuser *d'avoir empoisonné les pestiférés de Jaffa*; qu'il avance *que l'Empereur ne fut ni général, ni soldat; que ses victoires* (pour me servir de ses expressions) *ne furent gagnées qu'à coups d'hommes; qu'elles furent toujours le fruit du courage de ses généraux et le prix du sang de ses soldats;* qu'il l'appelle *le bourreau des Français;* le montrant, faisant jeter pêle-mêle dans le même coin le soldat mutilé et le soldat mourant; qu'il accuse son cœur de dureté, lui qui ne vit jamais un champ de bataille sans donner des larmes aux victimes que Mars avait moissonnées; qu'il lui fasse faire la guerre avec toutes les commodités d'un Sibarite; qu'à son retour de Moscow et à son arrivée au château des Tuileries il lui fasse dire, *il fait ici meilleur qu'à la Béresina;* qu'il lui fasse prendre des leçons du Varwik français, afin de paraître dans une attitude royale; qu'il dénature les mots sortis de sa bouche, pour les présenter sous un jour que la méchanceté fit éclore ; ces absurdités et ces mensonges ne séduiront personne, et ce serait, je pense, faire injure à mes lecteurs, que d'entreprendre de leur prouver la fausseté de ces assertions. Mais il est des inculpations plus graves que les siècles à venir, comme la génération présente, ne manqueraient pas de diriger contre la mémoire de l'Empereur, c'est de celles-là dont je dois principalement entretenir mes lecteurs.

Né dans une classe de citoyens éloignée de la pompe royale, poussé par son génie, Napoléon arrive jusque sur les marche-pieds du trône de France ; il en pose la couronne sur sa tête. Le jeune prince d'Enghien est mis à mort, ce dernier rejeton d'une illustre famille, ce petit-fils du grand Condé, ce descendant du vainqueur de Rocroi est arraché de sa retraite ; droit des gens et des nations, tout est violé. Accusé et convaincu d'avoir porté les armes contre son pays, il tombe dans les fossés même du château que plusieurs de ses illustres ancêtres ont habité. Non content de gouverner les Espagnes en provinces françaises, il brise le sceptre de

Charles IV, l'attire par de fausses promesses,
et le retient captif lui et son successeur loin
de la terre qui l'a vu naître. Il porte l'in-
gratitude jusqu'à dépouiller de ses Etats un
Pontife vénérable, qui naguère venait de le
marquer du sceau des rois; il l'envoie gémir
dans les prisons, loin du palais sacré où il
commande. Il entreprend des guerres sanglantes, à jamais interminables, pour assou-
vir son ambition; cinq millions d'hommes,
dit-on, périssent pour la satisfaire; il livre
la France à la fureur des hordes barbares; il
montre l'imprévoyance d'un étourdi dans sa
campagne de Moscow et d'Allemagne; voilà, je crois, les accusations les plus sérieuses
que les ennemis de sa gloire puissent faire
à Napoléon.

Sans chercher, dans l'examen de la première de ces assertions, à justifier l'Empereur par une foule d'exemples que je trouve
dans l'histoire, sans vouloir le comparer à
Pepin-le-Bref qui ose porter sur son roi une
main sacrilége, à Hugues Capet qui se met
à la place du roi légitime; sans tâcher de
faire absoudre Napoléon de la gloire dont il
entoura le sceptre français, je soutiendrai,
avec Monsieur de Fontanes, qu'il n'a détrôné

que l'anarchie. Appelé au rang suprême par ses actions et le vœu de la France entière, il ne peut être taxé d'usurpateur, celui qui sauva son pays des maux qui étaient prêts à l'accabler; il ne peut en être nommé le tyran, celui qui vingt ans en fit la gloire et le bonheur.

Le meurtre du prince d'Enghien se présente sous un point de vue moins favorable, et la postérité peut-être un jour demandera-t-elle compte à la mémoire de Napoléon de la vie de ce jeune Prince. Il fut coupable aux yeux de la loi, atteint et convaincu d'avoir porté les armes contre son pays; il fut exécuté : ni son rang, si sa jeunesse ne purent le sauver. Napoléon n'usa pas assez de clémence, lui qui depuis en a donné des preuves si éclatantes, ce qui me ferait soupçonner que quelques grandes raisons d'état le portèrent à cet acte d'autorité; la politique souvent commande de grands crimes: aussi me garderai-je bien d'absoudre comme de condamner l'Empereur, jusqu'à ce que l'histoire ait fait connaître les raisons qui l'ont porté à cet acte de sévérité, que l'on veut aujourd'hui qualifier d'assassinat juridique.

Les Prêtres et sur-tout les Papes, ont souvent fait trembler les plus puissans monarques sur leur trône ; leur ambition démesurée a souvent porté le trouble dans le monde chrétien, et les noms des Clément, des Benoît, des Borgia, des Jules sont encore en horreur dans la mémoire de tous ceux qui ont aimé leur pays. Feuilletons les annales de notre histoire, nous trouverons chaque page marquée du sceau de leurs crimes et de leurs forfaits : sous Chilpéric, ils débauchent les barons de son service, empêchent le peuple de lui payer les taxes publiques, et le réduisent à mourir dans l'indigence et l'abandon, pour avoir osé se plaindre de leur scandale et de leurs richesses. Clovis II, dans un moment de disette extrême, voulant soulager les pauvres, fit enlever de l'abbaye de St.-Denis des larmes massives d'or et d'argent ; il fut traité d'impie, de sacrilége, de tyran : poursuivi par les moines, comme Oreste par les Furies, il tomba dans la démence, et mourut à 21 ans. Charles Martel qui sauva la France de l'invasion des Maures, pour les frais d'une guerre si importante, fut obligé de recourir, après avoir épuisé toutes les ressources de

l'Etat, à l'opulence oisive et intacte du clergé.
Dès ce moment, le sauveur de l'Europe fut
regardé comme un monstre, et les moines,
après sa mort, souillèrent sa cendre, brisèrent
ses monumens et flétrirent sa gloire. Charlemagne, ce prince qui, par l'étendue de son
génie, semblait appelé à discipliner le monde
barbare, fut souvent en butte avec les prêtres, et fut presque toujours obligé de céder.
Louis le Débonnaire , Charles le Chauve ,
Robert, Philippe le Bel , Louis XI , Louis
XII, Henri III, Charles IX, Henri IV furent
tour à tour ou les dupes ou les victimes de
leurs attentats. Louis XIV, ce Louis-le-Grand,
devant qui toutes les barrières tombèrent ,
tomba lui-même aux pieds de ses évêques
courtisans et despotes , et leur immola , par
la révocation de l'édit de Nantes , ce peuple
commerçant et actif, auquel il avait dû la
splendeur de son règne.

Jetons nos regards sur l'Espagne, et rap-
pelons à notre souvenir les évènemens désas-
treux dont nous venons d'être témoins. Qui
mieux que les prêtres de ces malheureuses
contrées nous ont appris à apprécier le pouvoir de la chaire, du despotisme du confes-
sional, de l'espionage de la direction. Voyez

cette armée de prêtres et de moines pour qui chaque église est devenue une forteresse, un arsenal : considérez le parti qu'ils savent tirer de l'espérance et de la terreur. Si une grêle ravage une province, si une épidémie attaque un canton, si une guerre malheureuse expose les frontières, la superstition élève la voix ; elle assemble les peuples tremblans, leur représente ces calamités comme de justes châtimens, arme des millions d'habitans, et nouveaux vampires, les prêtres s'abreuvent du sang qu'ils ont fait répandre.

L'Empereur Napoléon ne voulut qu'attaquer des abus sacriléges, et non les vérités saintes ; il ne fut ni l'apôtre d'une religion nouvelle, ni l'apostat de l'ancienne ; mais il sentit la nécessité de faire concourir le sacerdoce avec le trône au bonheur d'une législation sage et uniforme : les torches du fanatisme mal éteintes, pouvaient se rallumer en France, et cet esprit d'intolérance que manifesta toujours la secte catholique, pouvait encore incendier notre patrie. L'Empereur voulut éviter des malheurs qu'il avait su prévoir ; il propose au Pape un concordat, basé sur ceux signés avec plusieurs de nos rois, et notamment avec François I.er Ce concordat doit assurer là tranquillité en France. Le Papé ne veut souscrire à rien ; il entraîne dans sa cause une partie du clergé de l'Empire, sans crainte de la rendre rebelle à son prince légitime. Napoléon voulut le mettre hors d'état d'exercer une influence dangereuse ; mais il montre bien plus d'humanité dans son traitement envers le Souverain Pontife , que Charles-Quint qui prend Rome d'assaut, la livre à la fureur de ses soldats, et enferme le Pape lui-même au Château St.-Ange.

Une politique, toute désastreuse qu'elle était pour l'Europe, de laquelle la France eût obtenu des résultats brillans si les succès l'eussent couronné ; un projet vaste qui ne pouvait être que le fruit d'une imagination hardie et d'un génie étonnant et profond, firent concevoir à l'Empereur l'envahissement des Espagnes : il ne prévit point à cette époque combien cette entreprise coûterait de sang et de larmes. Trop accoutumé à vaincre pour hésiter, vingt ans de gloire et de succès ne lui laissèrent pas envisager la possibilité d'un revers. Voulant cependant éviter à cette nation amie les malheurs d'une guerre ouverte , il ne dédaigne pas d'employer des moyens que la justice condamne, si la poli-

tique les approuve, pour parvenir à son but.
Le piége dans lequel il entraîne ces deux
rois trop crédules, est l'inculpation la plus
grave que l'on puisse faire à sa mémoire. Il
est à regretter pour sa gloire qu'il ne se soit
pas emparé de l'Espagne à main armée; une
bataille ou deux gagnées eussent décidé du
sort de la Péninsule, et la France peut-être
aujourd'hui donnerait-elle encore ses lois depuis les colonnes d'Hercule jusqu'aux rives
du Boristhène.

Cependant Napoléon ne se montra pas
plus ambitieux que la plupart des grands
hommes dont l'histoire nous a conservé les
noms. Cette passion qui les domina tous,
fut toujours pour eux le véhicule de ces
grandes actions qui ont étonné la postérité;
ce fut pour eux une espèce d'émulation qui
les poussait à la gloire. Bonaparte né soldat,
porté par son vaste génie, par un mérite
rare, par une renommée brillante sur le premier trône du monde, a-t-il dû être exempt
de ces sentimens qui firent les héros, et qui
furent le partage du plus grand des rois?
Non, sans doute; il n'eût pas été grand sans
cela. Alexandre et César, Charlemagne et
Louis XIV, Henri IV et Pompée, Au-

guste et Charles-Quint, tous en ont été do-
minés; et sans cette passion que nous leur
reprochons, peut-être que l'histoire de leur
vie se bornerait à quelques pages, et que
leurs noms fameux ne seraient pas venus
jusqu'à nous.

Napoléon doué d'un esprit vaste, d'une
imagination ardente, dont le jugement souvent avait peine à suivre les conceptions,
fut sur-tout de commander à ce qu'il appelait
la grande Nation, forma le hardi projet d'é-
lever son empire à l'apogée de sa gloire, et
de faire de la France la première puissance
du monde. Il fallait l'agrandir pour la rendre
inattaquable; il fallait abaisser ses rivales,
pour n'en avoir rien à redouter; il fallait lui
acquérir des alliés, pour la rendre plus puis-
sante. Pendant dix ans, sa politique et son
épée furent consacrés à servir ses desseins.
Un succès de plus, il eût peut-être atteint le
but qu'il s'était proposé, et tout en déplorant
les malheurs qui avaient couvert la France
de deuil, lisant son bonheur dans les siècles
à venir, le monde entier eût admiré l'homme
étonnant, le génie profond, qui avait conçu
tant de merveilles, et le guerrier vaillant qui
les avait exécutées.

Des revers inattendus vinrent enlever à Napoléon le fruit de tant de travaux. Trahi par tous les rois qu'il avait couronnés, abandonné des peuples qui se disaient ses amis, qu'une lâche et stupide politique avait engagés de se joindre à la coalition, il revint en France ; et, sûr de la fidélité des Français, il fit un appel à leur patriotisme. Les efforts que les citoyens de toutes les classes firent à cette époque, sont des garants sûrs de l'amour qu'on lui portait. Si quelques mois plus tard, l'ennemi s'avançant sur le Rhin et menaçant le territoire Français, le peuple parut sourd à sa voix, il faut moins l'attribuer à un défaut d'enthousiasme qu'au mauvais choix qu'il fit de ses mandataires, qu'on a vu, pour la plupart, renvoyer dans leurs foyers le citoyen et le vieux soldat qui voulaient s'armer pour la défense de la patrie.

Mais m'objectera-t-on, « cette noble ambi-« tion a miné la France, elle a augmenté sa « dette nationale de plus d'un milliard ; sa « population est diminuée de plusieurs mil-« lions d'hommes qui sont morts victimes de « cette même politique dont vous entreprenez « l'apologie. » Qu'on mette en comparaison, répondrais-je, les entreprises de Napoléon pour l'eur utilité, avec celles de ce saint Roi dont l'histoire aujourd'hui vénère encore le nom; que feuilletant ses annales, on jette un regard attentif sur ces deux expéditions à la Terre-Sainte, qui ont tant coûté à la France dans un moment où elle était moins à même de faire des sacrifices ; on y verra un vil mendiant qui, à l'aide d'une logique captieuse, parvient à persuader ce prince qu'il est honteux pour sa gloire, de voir entre les mains des infidèles le lieu qui fut arrosé du sang du législateur des chrétiens. Le saint Roi se pénètre d'une folle ambition, traverse l'Europe à la tête de l'élite de la nation, court en Asie voir moissonner cette armée par la peste et le fer ennemi. Ce revers ne le rendit pas plus sage : il revient dans ses Etats, fait de nouveaux efforts pour rentrer dans la lice avec des forces formidables, et périt luimême loin de son palais, assez à temps pour ne pas être le témoin des revers que la fortune lui prépare.

Ces deux expéditions ont coûté à la France deux millions d'hommes. Quel en a été le résultat? La prise d'une chétive cité, bâtie dans un des climats les plus stériles de l'Asie ; d'une ville sans commerce, n'offrant aucun espoir de dédommager la métropole des sacrifices énormes qu'elle faisait pour son établissement. Qu'elle est noble, au contraire l'ambition de ce monarque qui ne veut que la gloire de sa patrie, qui ne combat que pour sa prospérité, et dont tous les instans sont consacrés à son bonheur! Sa renommée est inhérente à celle de son peuple; il refuserait la palme qui lui serait offerte, si elle ne devait rien ajouter au bonheur de ses sujets! Qu'on se rappelle ces paroles sacrées sorties de sa bouche à l'époque de son abdication. Il commande encore à la France, il est à la tête d'une armée de près de quatre-vingt mille hommes; il peut entretenir la guerre encore plusieurs années; mais il livre la moitié de la France à la fureur des barbares étrangers; il sait que ce n'est qu'à lui qu'on fait la guerre: « Allez, dit-il à ses soldats, c'est « à moi seul qu'on fait la guerre; allez sans « moi, faites la paix. Je donnerai tout, jus-« qu'à ma vie s'il le faut, pour votre bon-« heur. » Comme ces mots peignent sa grande ame, et nous montrent ses vertus !

De tous les actes émanés du gouvernement de Napoléon, celui contre lequel on s'est le plus acharné, c'est cette loi si sage de la cons-

cription. Feignant d'oublier qu'elle est l'ouvrage du Directoire, Châteaubriand la nomme
la *matière première*, la chair à canon. Il eût
été bien plus raisonnable, selon moi, de ne
blâmer que l'abus qu'on en a fait. A ne considérer la loi que par elle-même, quelle loi
fut jamais plus juste, et pouvait mieux assurer l'indépendance de la nation? Le pauvre
comme le riche, tout y était assujetti; elle
était un des plus fermes appuis de l'Etat.
Si après la bataille de Mulplagnet, Louis XIV
eût pu lever une nouvelle armée; s'il avait
eu à sa disposition deux cents mille cons-
crits, la France n'eût pas été à deux doigts
de sa perte; et peut-être déjà à cette époque,
fût-elle devenue la première puissance de
l'Europe.

Un axiome de tous les peuples et consacré
par tous les âges, exige que chaque membre
d'une société concoure à la conservation de
la chose publique. Cette maxime est de tous
les temps; et les premiers hommes qui se
lièrent par un pacte social, nous donnèrent
l'exemple de sa pratique. Pourquoi voudrait-
on aujourd'hui que le métier si noble des
armes, devînt le partage du citoyen mercé-
naire, incapable de se laisser conduire par le

point d'honneur? Ces institutions ne conviennent plus qu'aux peuples esclaves du Nord. L'Empereur fit assez pour nos mœurs, lorsqu'il permit à l'homme riche, que ses goûts appellaient à d'autres fonctions, d'acheter à prix d'or le soldat qui devait acquitter pour lui sa dette envers l'Etat.

Trop ambitieux de gloire pour s'arrêter une fois dans la carrière où il était entré, la même politique qui dicta à l'Empereur Napoléon la conquête des Espagnes, lui fit entreprendre la guerre de Russie. De toutes celles intentées par la France, depuis la guerre connue sous le nom de guerre de la succession, aucune ne fut conçue sur un plan si vaste; et pas une ne devait avoir des résultats plus avantageux dans l'hypothèse de succès. Le génie de l'Empereur avait porté la France au plus haut degré de sa gloire. Nul Empire au monde ne pouvait lui disputer cette prééminence, cette prépondérance que vingt ans de victoires lui avaient acquises, et Napoléon avait réalisé ce rêve du grand Fréderic qui *n'aurait pas voulu*, disait-il, *s'il eût été Roi de France, qu'il se fût tiré un coup de canon en Europe sans sa permission.* La Russie cependant paraissait néanmoins se refuser à laisser envahir un sceptre qu'elle se sentait en état de disputer. Elle brûlait de reconquérir la portion de la Pologne que la paix de Tilsitt lui avait enlevée. Napoléon conçut alors le hardi projet d'abaisser cette puissance. Des préparatifs immenses furent faits pour cette expédition. Une armée superbe, la plus belle peut-être qu'on eût jamais vue, s'élance des bords du Rhin aux rives de la Vistule, remporte des avantages signalés, marche de succès en succès, s'empare de vive force de cette antique capitale de l'Empire des Kzars, et fait trembler sur son trône chancellant cet Empereur naguère si fier. Cependant, l'imprévoyance, le manque de vivres forcent cette armée si belle à la retraite. La faim, la rigueur de la saison toujours affreuse dans ces âpres climats, plus encore que le fer des ennemis, moissonne nos guerriers par milliers. Tout périt, hommes et chevaux. Les neiges et les glaces de la Scandinavie engloutissent ces phalanges que Mars a respectées tant de fois. Ces revers en entraînent de plus grands encore. En vain Napoléon essaya-t-il de ramener sous ses drapeaux la victoire qui paroissait l'abandonner ; les brillantes journées de

Lutzen et de Bautzen, malgré les succès que nous y obtînmes, ne servirent qu'à épuiser nos forces, sans sauver la France. Et comme la guerre de la succession, celle-ci fut marquée par des revers jusqu'à l'époque qui a amené les grands changemens dont nous venons d'être témoins.

L'Empereur aima trop la guerre. Ce fût là le plus grand de ses défauts. Mais c'est aussi celui que nous reprochons à tous les grands conquérans, depuis le vainqueur de Darius et celui de Pompée, jusqu'à ce Roi fameux, qui conservera toujours le nom de *Grand* dans les annales françaises, et qui sut malgré ses malheurs, ajouter plusieurs provinces à ses Etats. Le sort des peuples sous de pareils Rois est le même ; d'où je conclus que les siècles de gloire ne sont pas les siècles de bonheur.. Avec plus de modération, chacun de ces Rois peut-être eût augmenté le lustre de son règne, et Napoléon est une preuve de mon assertion. Si après la bataille de Smolensk il se fût contenté, après avoir battu et dispersé l'armée Russe, de prendre position derrière la Dwina, de mettre en quartier d'hiver soit en Pologne, soit dans la partie de la Russie qu'il occupait, cette

armée jusque là invincible ; qu'il eût orga-
nisé le royaume de Pologne ; qu'il s'en fût
fait, pour ainsi dire, un rempart contre ces
fiers habitans des bords de la Newa, peut-
être aujourd'hui donnerait-il des lois à l'Europe entière. S'il eût réussi, sa gloire eût été
sans égale. Il a eu des revers : on l'accable.
On ne veut se souvenir que du mal qu'il a fait,
sans jetter les yeux sur les bienfaits que nous
lui devons.

La postérité impartiale mettra sous bien
de rapports le règne de Napoléon en paral-
lèle avec celui de Louis XIV. L'un et l'autre ont illustré la France par la gloire de
leurs armes ; et les sciences sous ces deux
princes ont fait de grands progrès. Si celles
que l'on nomme exactes et positives en ont
fait de plus grands sous ce dernier règne ,
on le doit autant à l'esprit d'analyse intro-
duit dans l'étude par les grands philosophes du
dernier siècle, aux encouragemens et à la protection que l'Empereur accordait aux savans,
qu'à la direction qu'il sut donner aux travaux de toutes les sociétés littéraires en
France. Ce n'était plus sur des hypothèses
que se basaient les raisonnemens de ceux
qui se livraient à l'étude. La connaissance

des mathématiques si généralement cultivées, leur avait enseigné de ne marcher que de connu en inconnu, et leur a fait faire en chimie, en astronomie, en physique, en mécanique, en médecine, en chirurgie, en histoire naturelle des découvertes qui les ont eux-mêmes étonnés. Le nom de plusieurs savans, nos contemporains, sera inscrit avec honneur à côté de ceux des Newton, des Descartes, des Leibnitz, des Diderot, des d'Alembert.

Sous deux princes éminemment guerriers, l'art de la guerre a dû faire de grands progrès. Aussi jamais l'art d'attaquer et de défendre une place, le génie et l'artillerie militaire n'ont été poussés si loin. Le siècle de Napoléon, comme celui de Louis-le-Grand, a ses Vauban, ses Cohorn. Si l'on a trop négligé l'art des campemens, celui de harceler une armée par des marches et des contremarches, de défendre un pays avec peu de moyens, l'habitude de vingt ans de succès peut, je crois, rendre excusable celui qui ne s'est pas livré à cette étude.

L'un et l'autre de ces deux monarques ont aimé la guerre. Ils en ont souvent intenté d'injustes, et tous deux ont eu de grands succès : comme aussi les dernières qu'ils ont eu à soutenir, ont été marquées par de grands revers. Et si l'on veut un peu étudier la situation politique de la France, on sera forcé de reconnaître la conformité de ces deux époques, et de convenir qu'aucune des guerres intentées par cette puissance, ne devait avoir des résultats aussi avantageux que celles dont nous venons de parler.

Napoléon ne fut ni guerrier, ni administrateur, si nous en voulons croire ces Lyrophrons modernes que notre révolution a fait naître, dont les systèmes en finances et en politique sont aussi absurdes que leurs raisonnemens sont inintelligibles. Ils lui ont reproché de porter dans le gouvernement un esprit de détail inconnu jusqu'à lui. *S'il ne s'agit pour être administrateur*, nous dit Châteaubriand, *que de savoir ce qu'une province produit en blé, en vin, en huile, certes Napoléon fut un grand administrateur.* Je lui demanderai quel est le moyen le plus sûr que l'on puisse employer, pour établir une juste répartition d'impôts entre les provinces d'un vaste empire, que de connaître exactement leurs moyens de l'acquitter ?

: *Il ne fut qu'un faux grand homme*, a

dit le même auteur ; *la magnanimité qui fait les héros et les véritables rois, lui manque. De-là vient que l'on ne cite pas de lui un seul mot qui annonce Alexandre et César, Henri IV ou Louis XIV.* Ou cet écrivain lit fort peu, ou il a mis une méchanceté extraordinaire dans ce passage. Comment ne rien trouver de grand dans les écrits, dans les paroles de cet homme dont le génie se manifestait de tout côté ! Je répondrais à Châteaubriand, si je ne voulais que lui répondre, que la postérité n'est pas en droit d'exiger des monarques qu'ils disent des choses extraordinaires, mais qu'ils en fassent d'étonnantes ! Cependant, je ne puis résister de citer à mes lecteurs un mot de l'Empereur, qui peint à-la-fois son amour pour la gloire et la grandeur de son imagination.

Bonaparte parvenu à quelques lieues du Caire, y apprend que vingt-trois Beys s'étaient réunis avec toutes leurs forces sur les hauteurs d'Embabé, qu'ils avaient armées de soixante pièces de canon. Il fit un mouvement pour les attaquer ; et, avant que les premiers coups se portent, il exalte le courage de ses troupes par ce peu de mots :

« *Soldats , compagnons de ma gloire* , leur
« dit-il, *songez que du haut de ces pyramides*
« *quarante siècles nous contemplent.*» Quelle
harangue peut être comparée à ces paroles;
que de grandeur dans cette pensée !..... Si je
voulais citer un plus grand nombre de mots
heureux de l'Empereur, je prendrais ses pro-
clamations, ses bulletins, ses ordres du jour,
dont chacun est marqué au cachet du génie
extraordinaire qui les a dictés.

Voilà l'homme que l'on nous peint, je le
répète , comme un tyran plus odieux que
Néron, Caligula, Tibère; comme un conquérant plus barbare que Tamerlan et Attila.
La postérité sera-t-elle moins impartiale pour
lui, que pour les autres conquérans qui ont
illustré le monde ? Et, abstraction faite de
ce qu'il a fait de grand, le placera-t-elle à
côté des noms abhorrés que je viens de citer ?
Non : la première place au temple de mémoire lui est réservée à côté d'Alexandre ou
de César, d'Henri IV ou de Louis XIV, et
de tous les grands rois qui se sont fait ad-
mirer de l'univers.

La gloire de l'Empereur est immortelle,
comme celle de ces noms fameux que je viens
de citer. Elle est impérissable, comme ces

fameuses pyramides qui ont été les témoins de ses triomphes. Elle est indépendante de l'esprit de faction qui voudrait la flétrir : et semblable au chêne des forêts qui voit les fougueux aquilons se déchaîner contre lui, et résiste à tous leurs efforts, elle survivra à tout ce que la calomnie pourrait faire pour la détruire.

FIN.